AF290508

WÖRTER DIE DAS HERZ BEDEUTEN

Neue Haiku

Bernadette Duncan

Die Deutsche Nationalbibliothek verzeichnet diese
Publikation in der Deutschen Nationalbibliografie;
detaillierte bibliografische Daten sind online über dnb.de
abrufbar.

© 2025 Bernadette Duncan
post.b.duncan@gmail.com
ISBN: 978-3-8448-0382-2

Cover Illustration: Berthe Morisot, *Weiße* Blumen
in einer Schale (Ausschnitt), alamy
Verlag: BoD · Books on Demand GmbH,
Überseering 33, 22297 Hamburg, bod@bod.de
Druck: Libri Plureos GmbH,
Friedensallee 273, 22763 Hamburg

INHALT

I

Alle Fenster gekippt

*Die Gegend ist vertraut, aber der Moment
verwandelt sie ...*

Juan Ramón Jimenez

morgens das helle der tropfen
die schnee waren

sie sagen: winter
aber der haselstrauch …

der Hund dessen Herrchen
aufs Handy schaut
grüßt zurück

Montagseinkauf
zahle gleich viel
für Rose und Brot

vor dem Schneepflug
ein VW-Bus
voller Narren

sonnige Bank am Waldrand
nachdem ich Fuchs, Reh,
Rabe war

Schnee rutscht vom Dach
stimme die Harfe
nochmal von vorn

auch nach diesem Winter
hält der Buddha freundlich
Staub in der Hand

es taut
Rabengrüße Regenbogen
Klingeltöne Brombeerrost

sonst reden sie immer
die drei beim rauchen
vor der tür

24.02.2022

flucht –
eingewickelt in socken
krippenfiguren

Taubenmarkt
der stumme Händler verkauft
vor allem weiße

am himmel ein noch ungeöffnetes
helles blau
wie es duftet

Sonntagmorgen
der Busfahrer entschuldigt sich
für die Bachkantate

erster Frühlingstag
der Radler mit der Ukulele
bremst nur leicht

wir sind mondverwandt
sagt eine nachts
im ICE

Altersheim
alle Fenster gekippt
für die Amsel

der kleine Nachbar
klingelt mit der Mathe-Hausi
halber Mond

was ich mal werden möchte
fragt der Enkel
Frühlingsregen

tagundnachtgleiche
nichts
hat mir heute gefehlt

märzsonne
wir gehen durch schatten
als wären sie licht

Pumuckl-Buch
der Geruch von
Lesen können

unter den Magnolienknospen
gefunden, die Brille des Gärtners

schwalben blauer herzschlag
über die erde hin …
höre ihn wieder

kurz vor der Arbeit
ihr privates Gesicht
Morgenröte

es werden wieder Bücher
verkauft hier in Kiew,
die Kirschen blühn

mit dem frühling das leben tandem-lesen

von der mail
nur die anrede geschafft …
kirschblüten

wo der baum aufhört
und der himmel beginnt
blütenwolken

Grundsanierung
als erstes eine neue
Linde pflanzen

hat die Stadt umgerechnet
in Kirschblütenpixel …
der Frühlingswind

Birnenblüten
eine Amsel wartet
auf ihr Lied

II

Ein paar Schlückchen Fluss

Die kleinen
Wellen am Strand
Ich hab sie in der
Hand gehabt

Sarah Kirsch

frühmorgens im Schwimmbad
die Welt lieben, türkis
und ohne Grund

Maiwege
manchmal noch ein Hufschlag
im Wind

Sand fällt
von kleinen Schaufeln ...
Pappelflaum

Baustelle
zwei Pilger betasten das Raue,
das Warme vom Stein

wieder wissen
wer man ist
sichelmond

nach dem Singen
trinkt die Amsel
ein paar Schlückchen Fluss

Kaffeepause
zwei ITler entdecken
ein wildes Bienenvolk

mit ameisen in der warteschlange … walderdbeere

schwimmen im Evakostüm …
wie wir erschrecken
Natter und ich

kurz vor der Tagesschau
das Knarzen der Katzenleiter

Mittsommerabend
unterm Holunder helle Stimmen,
herber Wein

letzter Tee
unter Sternen
morgens im Becher
der Mond

sommermorgen schon ein komma scheint verrat

vorm erwachen der nachbarn
lindenblütenduft

schwalben necken
den streunenden wolkenhund
durchs dach pfeift der wind

letzter Schultag
in den Stimmen der Kinder
schon Meer

Jugendtreff Domstufen
eine Serviette fliegt
mit den Tauben

an der Flussmündung
Delfine! noch lange bin ich
ohne Wunsch

Tunnel unter der Sandburg
die Hand des anderen
Königs

meerglas ich höre was du sagst

Gubbios Kinder
haben die Nase des Wolfs
ganz blank poliert

Abendglitzern …
vielleicht ist's egal ob du Staub bist
oder Insekt

im grün des salbei
das grün aller sommer
eidechsen dösen

unerwartet schön
die Stunde im Café
am Bahnhof, allein

hoch überm See
die halbe Flasche Wasser
mit dem Dackel teilen

Waldbaden mit Eichhörnchen
durchs Blättergrün perlt
Kinderlachen

Nest im Schuhkarton –
das Fasanenküken
läuft einfach weg!

magischer abend der trick mit der sonne

Jeans im Wind …
auf dem verwitterten Scheunentor
landet ein Bläuling

kein bisschen suchen mehr
im gold der sonnenblumen
ankommen

barfuß durch den Fluss
die Kiesel reden
mit jedem anders

Blaues Haus
ein kleiner Balkon, Blumen, ein Schirm …
so wird es sein

III

Diese brüchige Stille

*Einzigartig verschwiegen war die ganze
Landschaft um uns, ich hatte das untrügliche
Gefühl, dass sie allein nur für uns da war, um
unser Herz zu läutern.*

Bashô

bei Sonnenaufgang
die Welt noch k&k
Duft dunkler Bohnen

durch die Heide,
kleine Hand in meiner …
die Erde hüpft mit

neues Enkelwort:
Schneckenhaus – wir gehen rein
und kochen Tee

letztes Boot von der Insel
die Nonne im Kräutergarten
schaut kurz auf

im Weinberg
auf einem Mäuerchen
ein bisschen älter werden

Herbstgeruch
bin die erste
im Schulmuseum

der blaue Himmel
zeigt Flagge überm
Sonnenblumenfeld

granitfindling vom frieden schweigen

Erntedank
einer bringt fremde Wörter
fürs Gemüse

Haus am Fluss
diese brüchige Stille
zum Akkordeon

Kindheitsfreundin
wischt fünfzig Jahre vom Tisch
stellt Kaffee drauf und Milch

bis wir innen und außen menschen sind
sturm im herbst

leuchtender wald
sammle wörter die das
herz bedeuten

bäume und gräser
kupfern, die bücher
verschenkt

mit roten Locken
auf der Walz … die Marktfrau
reicht ihr einen Apfel

Nebelmorgen
im Brennofen kühlen noch
chiemseeblaue Teller

am see sind wir hell wie ufersteine

Hausarztpraxis
die Türe nimmt sich Zeit
zu knarren

Pandemie-Abend
nach langem Hin und Her
bleibt der Engel wo er ist

Intensivstation
das Gewicht des Zettelchens
am Teebeutel

Briefe geschreddert
für den Kompost …
gebe Kaffeesatz dazu

beim abschied im blättertreiben per du

mit der neuen Taschenlampe
raus zu den Sternen
die zwei Schwestern

der letzte Ton
wie für sich selbst
Domglocke

heimgekommen
mein Buch noch offen auf dem Tisch,
erster Schnee

IV

O-Ton

*(...) und die rechte Freude fing jetzt erst an.
Ich wollte, du und ich, wir wären auch
dabeigewesen.*

Brüder Grimm, König Drosselbart

dichtgedrängt
im Hofcafé
Kürbissuppe löffeln

sieben Tage
zwischen Fratze und Lächeln
Treppenkürbis

mit einer Mondhand
die Flamme schützen
sternklare Nacht

Morgen am Meer
zwei Windhunde
folgen den Möwen
zum Horizont

die Blätter zerschlissen, verweht …
komm, wir falten
Sterne

mondlose Nacht
suche nach dem Anfang
im Wollknäuel

mit dem ersten Schnee
kehren die Wörter
zurück zu den Dingen

ein Raunen geht
durch die Bahn voller Soldaten …
verschneites Gebirg'

Drogeriemarkt
eine Mutter gibt dem Nikolaus
ihr Taschentuch

geruch von schnee
werde kleiner
und größer zugleich

debattieren noch
die Existenz der Schwerkraft
Flocken am Morgen

nach der Flucht
das Kopftuch neu falten
ich bin, du bist ...

am Geflüchteten-Stand
der Bürgermeister
im Schneetreiben

Stromausfall
der Barista holt Kerzen, mischt sich
unter die Gäste

kürzester Tag
einer geht mit seinem Hund
Richtung Berge

im Rückspiegel des Motorrads
hinter der Scheune
Wintersonne

jenseits von Sprache
die Stunden ins Eis gebaut
Kinder-Iglu

beim Geburtstagsfest
in den Highlands die Ruhe
der Schäfer

durch die Lücke
im Gespräch fallen
Schneeflocken

Silvesterabend
rostige Pflugscharen
wenden den Nebel

schwarze Mitternacht
vom Meer her die Nebelhörner
der Öltanker

Neujahrsschnee
wir schütteln Mützen, schauen
durch funkelnde Brillen

zähle die Jahre nicht mehr
der Briefkasten klappert
es gibt mich

im Schnee an der Tür
die Sternsinger-Mädchengang ...
strahle zurück

schon mein vermissen
der vogelstimmen zu laut
im winterwald

am vereisten fluss
ganz leise
sein o-ton

neben der Pfütze
fügen zwei Kleine
die Eisstücke zur Pfütze

unter Denkmalschutz
das alte Fachwerk, ihre Hände
verschränkt

in den blauen Lieblingstopf
die Zutaten aus aller Welt

wie eins zum andern kommt morgendunst

morgens Gedichte
im Kristallmond am Fenster
glitzert der Mond

beim Lüften
flüchten ein paar Takte Beiderbecke
ins verschneite Dorf

schnee auf schnee
die hundert namen
für licht

Quellen

S.7: Jimenez, Juan Ramón: Platero und ich,
Frankfurt a. Main 1985
S.35: Kirsch, Sarah: Schwanenliebe,
Stuttgart/München 2001
S.61: Bashô: Auf schmalen Pfaden durchs
Hinterland, Mainz 1985
S.83: Brüder Grimm: Die 100 schönsten
Märchen der Brüder Grimm, Stuttgart 2012

Dank

Die ausgewählten Gedichte der vorliegenden Sammlung entstanden zwischen 2020 und 2025. Der Großteil erschien in verschiedenen Zeitschriften und Anthologien. Mit Dank an die Redaktionen von Haiku heute, Sommergras, a tempo, Haiga im Focus, SternenBlick, The Heron's Nest, Chrysanthemum, zugetextet, Lotosblüte und Haiku 24. Besonderen Dank an Volker Friebel für die Durchsicht des Manuskripts.

Zur Autorin

Bernadette Duncan, geb. 1965 in Ober-
bayern. Mutter, Großmutter, Lehrerin und
Übersetzerin i.R., lebte lange in Schottland,
heute in der Nähe von Rottweil.

Außerdem erschienen: *zum graureiher
verdichtet*, 2020 (Haiku aus zwölf Jahren)